UN SONNETTISTE

PROVENÇAL

UN
SONNETTISTE
PROVENÇAL

PAR ROBERT REBOUL

Officier d'Académie

PARIS

JULES MARTIN

18, rue Séguier, 18

1884

I.

Quel est donc ce *nouveau* rimeur courtisan qui apparaît dans le champ littéraire avec cette gerbe jaunie par le temps, mais non encore fauchée : *Diverses Poésies Françoises, latines et provenceales, présentées av Roy av retovr de ses armées de Flandres, par le sievr De La Tovr. — A Paris, chez Théodore Girard, dans la grand' salle du Palais, du costé de la cour des Aydes, A l'Envie, M.DC.LXXVII* (1)? C'est presque un mystère. Son nom ne figure nulle part ; sa personne est aussi introuvable que son œuvre. Le mérite de sa découverte revient à M. Mouan, le regretté et savant bibliothécaire d'Aix, qui a consacré douze pages à de la Tour, dans sa *Notice sur deux poètes provençaux*. J'ajouterai quelques éclaircissements à ce travail intéressant, révélation curieuse et piquante de deux types oubliés, pour éviter des tortures aux saumaises futurs.

M. Mouan cite la deuxième édition, augmentée et revue par l'auteur de ces diverses poésies, publiée aussi la même année chez le même libraire, format in-8°, et paraît n'avoir pas connu la première édition dont je vais faire usage. Mon exemplaire est meurtri. On ne saurait s'imaginer avec quel acharnement le ver rongeur poursuit le livre. Il y creuse sa maison ; il y prend sa nourriture et il y accomplit l'action du grand œuvre. Instruit des maximes évangéliques, il multiplie son espèce à l'infini, et il devient la terreur des bibliophiles.

____

(1) Petit in-f°, 4 ff, 27 p. en caract. ital. Edit. originale non citée, vendue 10 fr.

Antoine Geoffroy DE LA TOUR, naquit à Digne, en Provence, vers 1600. Son père voulait, avant tout, le voir suivre la carrière du légiste ; il n'approuvait pas les tendances poétiques de son fils. Celui-ci rimait en cachette. A vingt ans, il se rendit amoureux d'une belle inconnue qu'il nomme tour à tour Philis, Sylvie, Olympe, Amaryllis. Il ne fut pas heureux dans cette passion, si l'on en juge par ce portrait de Sylvie, *après la lettre.*

Portrait injurieux, ennemy de ma vie
Toi ! qui me fais souffrir de si rudes tourmens,
N'est-tu pas le tyran de mes contentemens
Lorsque tu m'entretiens des beautez de Silvie ?

Tu sçais bien à quel point mon ame l'a servie,
Eloigne de mes yeux tous ces vains ornemens,
Et laisse me venger de tant de faux sermens,
Son mépris m'y contraint et l'honneur m'y convie.

Puisqu'elle foule aux pieds sa constance et sa foi,
Ne me tiens plus captif de cette injuste loi,
Qui me force à chérir les traits d'un beau visage.

Et puisque nos soupirs n'ont pas sçeu la toucher
Fais la voir à mes yeux moins belle et moins volage,
Ou bien fais que mon cœur soit un cœur de rocher (1).

II.

Nommé conseiller en la sénéchaussée de Digne, de la Tour occupa ses loisirs à chanter sur tous les tons, et d'une manière détestable, la gloire de Louis XIV et des princes de sa cour. Il composa un ouvrage de jurisprudence, monument colossal

(1) Ce sonnet ne se trouve pas dans l'édition originale.

d'une originalité peu commune et qui surpasse de beaucoup en excentricités le poëme du père Pierre de Saint-Louis sur la Madeleine au désert de la Sainte-Baume. Il l'intitula *le Livre du Souverain Bien* et le présenta à Louis XIV, dans l'*Espitre av Roy* de ses poésies.

Comme toute la vie de notre poëte paraît se renfermer dans ce qu'il dit au roi, il n'est pas indifférent d'en donner ici un extrait :

« Ie n'eusse jamais entrepris de présenter un si petit livre à VOSTRE MAIESTE, qui est le plus Grand Prince du Monde, si de puissants motifs ne m'eussent contraint de lui faire sçavoir quelles ont esté mes occupations depuis l'heureux moment de sa Naissance jusques à présent : Elle y verra, SIRE ! que je fus le premier de tous les Ecrivains de Vostre Royaume, qui en félicitay LOUIS LE JVSTE, Vostre Père, de Glorieuse Mémoire, et qui luy prédits toutes les admirables Dispositions qui devoient former un jour, en Vostre Personne, le plus Illustre Monarque de la Terre.

« Le mesme Génie, SIRE, qui me suggeroit alors les grandes Choses que V. M. a depuis si Glorieusement exécutées, m'obligea d'observer incontinent les plus sérieuses démarches : et quoy qu'elles fussent toutes également éclatantes, je n'ay voulu m'attacher qu'à celles qui regardoient ma Profession ; Et je n'eus pas si tost appris que pour se délasser des fatigues de la Guerre, V. M. avoit délibéré de réformer les désordres qui s'estoient introduits dans l'administration de la Iustice, que je résolus de mettre en lumière un Ouvrage qui peut avoir quelques rapports avec un Dessin si judicieux. I'en ay présenté le plan à M. le Chancellier, en vostre absence, comme d'un Projet qui n'a point encore d'Exemple dans nos jours, et qui ne peut recevoir sa dernière Perfection que des mains seules de V. M.

« Vous trouverez, SIRE, cette Entreprise si curieuse et si surprenante, que j'ose soustenir qu'il n'en paroistra jamais aucune si Générale et si nécessaire à vos Sujets. Il semble que le

Siècle où vous régnez ne puisse plus nous inspirer que des pensées extraordinaires et merveilleuses comme les Vostres.

« I'ay donné un nouveau visage à toutes les Loix Civilles et Canoniques, après avoir corrigé les erreurs des anciens Iurisconsultes, pour assujettir les mesmes Lois à vos Ordonnances, et je les ay comme enfermées sous six figures qu'on peut apprendre dans un moment, et qu'on ne sçauroit jamais oublier : Et si Monseigneur le DAVPHIN, que V. M. fait élever pour être un jour l'Arbitre de l'Vnivers, en vouloit faire l'Essay, j'ose croire que, sur les premières Idées de mon Livre, il seroit persuadé luy-mesme sans autre secours de la Vérité que j'avance.

« Dans le progrès de mes Estudes, quand il a falû écrire pour les Droits de vostre couronne, qui ont des fondemens inébranlables, et que V. M. sçait si bien faire valoir par la force de ses Armes, ou soustenir les anciennes Libertéz de l'Eglise Gallicane, et les Arrest de Vostre Conseil, contre les Abus de la chancellerie de Rome ; Ie n'ay pas non plus épargné mes veilles et mes recherches ; et j'ay fait éclater la Iustice de ces Oracles Souverains depuis les extrèmitez de vostre Royaume (où je fus contraint de me réfugier) jusqu'aux endroits où se forment les Foudres dont on vouloit nous épouvanter.

« Tous ces longs et pénibles Travaux, SIRE, ont esté inconnus jusques à présent à V. M. parce qu'ayant toûjours vécu éloigné de la Cour, je n'ay pas rencontré des Patrons assez généreux pour l'en informer. Maintenant qu'un Destin plus favorable m'en approche, j'ay crû qu'il estoit de mon Devoir de lui en donner quelque connoissance..... »

Le *Souverain Bien*, livre unique, divisé en six parties formant chacune un gros volume in-folio, en manuscrit, « envisageait successivement l'homme privé et célibataire ; l'homme marié ; l'homme dans l'état de veuvage ; l'homme d'église dans les rangs inférieurs du clergé ; l'homme révêtu de dignités ecclésiastiques, civiles ou militaires ; l'homme à l'état de mort. Ce vaste répertoire devait tarir la source des procès, faire naître en tous lieux l'union la plus touchante, ramener, en un mot, l'âge d'or sur la terre. »

De la Tour vint à Paris pour placer son élucubration sous le patronnage du roi et en obtenir l'impression gratuite. Son entreprise échoua ; il fut seulement gratifié du privilége de faire lui-même imprimer son gigantesque travail, qui était, sans doute, une seconde édition, considérablement augmentée du petit et rare volume qu'il avait déjà publié sous ce titre : *Traité du Souverain bien. Dédié à Mgr le comte d'Alais, gouverneur de Provence. Paris, J. Le Mire, 1640, in-12,* avec frontispice gravé. La préface est suivie d'une longue pièce de vers adressée au comte d'Alais ; et le volume est terminé par des quatrains moraux sur la « Félicité de l'Homme. »

Les ressources pécuniaires du malheureux auteur s'épuisèrent bien vite, à force de sollicitations et à grands coups d'étiquette. Il eut recours à son humeur poétique pour obtenir quelques gratifications du Roi, auquel il adressa ces vers provençaux :

Moun placet, ô grand Rey ! n'es qu'un pichot memori
Per te faire sacher en patois prouvenceau
(Puy qu'à ce que m'en dict non l'entendes pas mau)
Ley rudes tratamens qu'ay souffert per ta glori.
Tu ! que fas tan de ben as autres escrivans
Relargo un pau per iou tey liberalos mans,
Ay tant escrit per tu, siou prest d'escrioure encaro.
Qu'Appelles Tourne naisse et prengue son pinceau
Lou pourtrait, ô grand Rey, que lou miou te preparo
(Quand tu m'ajudaras) sera cent fes plus beau.

III.

Retourné à Digne, ses illusions et ses espérances se dissipèrent, et il écrivit, peu de temps avant sa mort, arrivée vers 1680, ses vers les meilleurs et les plus sensés qui ne ressemblent en rien aux vers qu'il adressait aux grands :

Mon cœur, détachons-nous des objets de la terre.
N'aimons rien de mortel, le monde est un pipeur,
Voguer sur cette mer dans un vaisseau de verre,
C'est n'avoir point d'esprit de n'avoir point de peur.

L'éclat de nos grandeurs est un éclat trompeur,
Et la plus douce paix est une sourde guerre,
Chérir la vanité, c'est chérir la vapeur,
Et baiser les filets desquels on nous ensserre.

Les sonnets français de De La Tour sont d'une médiocrité hors ligne ; le poète occupe un rang élevé dans la classe des parasites littéraires. J'en ferai grâce au lecteur, ne voulant pas me souvenir des *Grotesques,* où Théophile Gautier dit avec raison : « C'est dans les poètes de second ordre que se trouve le plus d'originalité et d'excentricité. » Ses vers provençaux ont une valeur réelle, en ce qu'ils offrent un document précieux à la science des origines, un sujet de comparaison à la langue et à l'orthographe provençales. Les reproduire, c'est aussi les sauver de leur disparition prochaine.

AV REY

Sur sey nouvellos Victorls

—

SOVNET PROVVENCEAV

Grand Rey quen troubárés qu'escrive voustra Histori
Tous ley jours vous deffes regimens, bataillons,
Prenes villos, casteaux, per planos per valons,
Et cade pas que fes es un pas à la glori.

Lou superbe Espagnou que fasio tant lou flori
Per fugir voustros mans marcho de reculons,
L'Oulandes vergongnous vous viro lous talons
Et vous laisse emportar victori sur victori.

Commo poudes soulet domptar tant d'ennemis?
Muso! per lou sacher, fay virar lou Tamis,
(Car proun de gens man dich que lou Tamis devino).

May sabes tu per que noustre Prince es tant fouer
Lous autres soverens non pagon que de mino
Lou nostre sçau pagar et de mino et de couer.

AV REY

SVR LOV SIEGE DE MASTRICH

à son retour de Flandres

—

SOVNET PROVVENCEAV

Non songés plus, Grand Rey, de tournar à l'armado,
Vous que poudes d'eissi commandar tant de gens.
Tous voustres ennemis restaran sur ley dens,
Et s'assiegeon Mastrich, faran uno bugado.

Ellous tous tant que son, maudiran la journado,
Non vous destourbez pas de voustres passatems,
Calvo (1) sçau lou secret per lous menar battens,
Et si voulon dancear ly pagaran l'aubado.

Mastrich, nés pas un luech à prendre sensso gans,
Et quand vous l'avez pres avias ben d'autres mans,
Queu pau se comparar au premier Rey d'ou monde?

(1) Surnommé le Brave, maréchal de camp.

Voustre nom tout soulet fay tramblar l'univers,
Et non vesi degun qu'on faille que s'esconde
Quand vous fara boutar lou bounet de travers.

A MONSEIGNEVR

LE DVC D'ENGVYEN

SOVNET PROVVENCEAV

Fau creire ce que dy la Muso Prouvenceallo,
Qu'un sounet non pau pas vous lausar toutey doux,
La glori es uno flour que fay trop de jaloux,
E queu vou l'effreillar la fay devenir palo.

Aquello de ton pere es desja sensso égallo,
La tiouvo (tu que sies coumo eou trop valuroux,
Et que te sies trouvat en cent luecschs dangeiroux),
Se creisse à tous moumens, et se rendo immourtello.

Ma Muso a ben segui ton pero pas à pas,
May countavo per eau lous exploits que tu fas,
Que meriton soules que s'en dresse uno histori.

As battu Loulandes; as deffach ley Flamans;
Et tu sabes attout gagnar uno victori,
Car ton bras es tout coer, et ton coer es tout mans.

AV REY

SVR LOV SIEGY DE

VALENCIONO

—

SOVNET PROVVENCEAV

Cadun dis que mon Rey, conge en raso campagno,
Et que lou marry tems s'oustino à lou troublar,
Que tramblavo de fret, eou que fa tout tramblar,
Et qu'a mes à non plus et l'Oulando é l'Espagno.

Valencieno (segur), pourrié passar ta lagno,
Grand Rey! si tey saudas se pouëdon assemblar,
Lous beaux coueps de canon que l'y faras siblar,
Et tous seis Espagnoux non seran qu'uno aigagno.

Aquellous rodoumons creson desse en un luoch,
Basti d'un certen boüesq qu'on cregne pas lou fuech,
May, si lours fas sentir aque au de tey carcassos.

Non veiran pas plus leau maure tey bataillons,
Qu'ò prêges plus aisa lours casteaux et lours plassos,
Que lous pichos enfans lou nis dey parpaillons.

SVR LA DEFFETO

DAV PRINCE DORENGEO

A LA BATAILLO DE CASSEL

—

SOVNET PROVVENCEAV

Enfin, lous Espagnoux au agut sur lou mourre
Qu'eron fouels de venir au secours de Cambray
Aque au que louz la pres, sçau trop ben ce que fay
Et son couer generoux es plus fouer qu'uno tourre.

Per lou mens l'Oulandes a monstra que scau courre
Et certo ben lia dich dave laissa lou fay
Par fugir plus laugier, et plus vite et plus gay,
E bagagi et canons, a tout gittar à pourre.

Lou brave général a desja par doues fes
Esproua lou taillant dau sabre das Frances
Dison que vou tournar enca un visagi à la festo,

Venguel may si mon Rey lou poüe jougne de prés
Eau cerquo de lauriets per ly crubir la testo
Et la vesi deja couberto de cyprès.

A

SON ALTESSE ROYALE

SVR

SON RETOVR TRIOMPHANT.

—

SOVNET PROVVENCEAV

Ques a quo d'assés grand.que tu non pouesques faire ?
Pasta comme tu sies d'un sang si generoux,
Queu fario commo tu, tant d'exploix valuroux?
E queu pou mies semblar que tu fas à son fraire ?

Deis combats lei plus chauts, queu s'en pau mies entraire?
Queu vay plus hardiment eis lues plus dangeiroux ?
E queu sau mies que tu redressar ley pauroux?
'E rompre bataillons, de l'un à l'autre cairé ?

Per mettre à la resoun messus lous Alamans,
Philippe! non faudrié que ton coer et tey mans,
May Loüis! qu'a prouvat ce que coüesto la glori.

Eou! que ves que la guerro est un marri mestier
Lorsque voué que la pas, couroune son histori
Moustro que vau gagnar lou monde tout entier.

———

Aix. Typ. A. Makaire, rue Thiers, 9. — 1880.

www.ingramcontent.com/pod-product-compliance
Ingram Content Group UK Ltd.
Pitfield, Milton Keynes, MK11 3LW, UK
UKHW022300070726
13613UKWH00005B/2409